가을 은행잎

매헌현대시선 006

가을 은행잎

청암靑岩 우제봉 3시집

인쇄일 | 2023년 09월 05일
발행일 | 2023년 09월 11일

지은이 | 우제봉
펴낸이 | 설미선
펴낸곳 | 뉴매헌출판
주 소 | 충남 예산군 예산읍 교남길 33
E-mail | new-maeheon@hanmail.net

값 12,000원

ISBN 979-11-979244-7-7(03810)

* 저자와의 협의에 의해 인지를 생략합니다.
* 잘못된 책은 바꿔드립니다.

가을 은행잎

청암靑岩 우제봉 3시집

책머리에

바위는 제 길을 간다
나무도 제 길을 간다
세상 모든 것들이
제 길을 간다
나도 내 길을 가나
꽤나 오랜 세월
황소처럼 뚜벅뚜벅
시인의 길을 걸어왔다
가면 갈수록
미궁에 빠지는 시인의
길을 걸으면서
영원히 남을
옥석을 찾으러
눈에 불을 켜본다.

책머리에　　005

제1부
천지

천지天地 1　　013
천지天地 2　　014
만물상　　016
가을 1　　019
가을 2　　020
겨울　　021
우수　　022
우수경칩　　023
소쩍새　　024
파랑새　　026
봉황　　028
아침서리　　029
가을 은행잎　　030
자연　　032
잡초　　034

제2부
모란

모란	037
매화	038
상사화	039
금낭화	040
장미	041
단풍 1	042
단풍 2	043
단풍 3	044
등산	045
구름	046
성주사지 5층 석탑	048
은진미륵	050
바다	052
바람의 통곡	054
예당호	056
예당호에서	058

제3부
산속 풍경

산속 풍경 1	061
산속 풍경 2	062
산속 풍경 3	064
세월 1	065
세월 2	066
세월 3	067
세월 4	068
세월 5	069
세월 6	070
서대산	072
서산 마애삼존불	074
삼길포	076
무정한 세월 1	078
무정한 세월 2	080
무정한 세월 3	082

제4부
김매기

나무들	085
김매기	086
가수로의 속삭임	088
나목	090
가지 많은 나무의 통곡	091
그리움 1	092
그리움 2	094
그리움 3	095
그리움 4	096
아침 연가	097
정	098
섭리	099
눈물	100
첫눈	101
하얀 터널	102
겨울 해변	103
여로	104

<해설> 107
시, 바람, 연모 그리고 개화開花의 길
신익선(문학평론가·문학박사)

가을 은행잎

청암靑岩 우제봉 3시집

제1부

천지 天地

천지 天地 1

2750미터의 백두봉과 더불어
절묘한 열 여섯의 보초병을 거느리고

깊숙한 구렁 그곳에
하늘과 땅을 공유하고 누워
어쩌면 그리도 검푸른 비치로
하늘을 퍼담은 너의 가슴을
발아래 펼쳐두고

굽어보는 순간순간이
믿어짐이 아닌 현실임에
심장이 멈춰버릴 것만 같은 감격으로
당장 풍덩 몸을 던져

잔잔한 미소로 반기는
너의 품속에 안기고 싶은
충동 그리고 또 그 위에 겹치는
아! 그 충동을 어찌 하리.

천지天地 2

천지天地!
하늘에 있어 천지라 했는가

8천만 겨레의 영혼靈魂에
한민족의 기백을 퍼담기에
천지라 했는가

풀도 나무도 뿌리를 박지 못하는 곳에
지상의 맹수도
하늘의 맹수도
그 어떤 신이라도
감히 범접할 수 없는 곳

길고도 오랜 세월
변화무쌍한 기상 따위야
수많은 침입자의 더러운 말발굽 따위야
잔잔한 몸짓으로 끌어안고

그토록 숙연히 청정한 얼굴빛으로
오직 침묵으로만 말하는

모진 만고풍상
녹아 춤추네.

만물상

눈이 부신 햇빛
이울거나 꽉 찬 달빛
정답게 속삭이다
꼭꼭 숨어버린 별빛

피를 토해내는 소쩍새의 통곡
애간장 쥐어뜯는 풀벌레 절규
벌게벗은 나목의 뿌리까지 찢고
골짜기까지 먹은 바람소리

한 입으로 삼킨 밤의 적막
죽음을 통째로 삼킨 암흑 속에서도
금강산 일만 이천봉은
신의 손이었나
봉우리마다 기암절벽 위에
숨쉬고 생동하는듯한
수많은 짐승들

세 신선이 넋을 잃고
굳어버렸다는 신성봉

귀신 형상을 한 귀면암을
그토록 오묘하게 조각하고도
무엇이 부족해서
뼈를 깎는 인고 끝에
토끼와 거북이를 경주시키고

뛰다가 뛰다가 지쳐서 헐떡이는
토끼에게 날개를 달아

메뚜기가 되게 하고
독수리가 영토를 지키는
수호신이 되게 하고
신령이라 자처하면서
인간에 미치지 못한 호랑이가
고개 숙인 열아홉 숫처녀처럼
수줍음 타는 모습을
인고의 세월 속에서도
어쩌면 그리도 온전하게
네 품에 끌어안았단 말이냐

절로 네품속으로 푹 빠져
미치게 하고
실성을 하게 하고
가슴 터지게 고동치는
감동으로 돌부처 되게 하는
신비함이여.

가을 1

톡톡 튀는 햇살을 쪼아먹은
참새떼가 세상 잘 만나
물오른 비상을 한다

초록 들판에 황금 벌판을 깔아놓은 햇살
세월 떠나기 전 원없이 몽땅 토해놓고
엎드려 이별을 고하는 매미의 목청 위에 앉는다

홍건하게 땀이 배인 옷자락에
넉넉히 가을을 퍼담은 농부는
비록 빚더미 위에서두 웃음으로 하늘을 연다

감망을 든 아낙은
빨갛게 속살을 드러낸 감나무에서
한 알 두 알 행복을 따낸다.

가을 2

노릇노릇 익어가는 햇살이
황금들판에 누워 흥타령하면
앞 다투어 핀 국화향이 뜰에서 춤추고

수많은 아름다운 언어들
수많은 형용사를 남긴 단풍
언제 이별가를 불렀나

덩치 큰 짚 둥치가 텅 빈 들판을 채워
둥글게 둥글게 도열할 때
겨울 문턱을 넘지 못하고

소리 없는 바람에도
우수수 낙엽으로 뒹구는데
무리에서 떨어진 기러기 한 마리
처량한 낙오병으로 허공을 날갯짓 한다.

겨울

고독하고 가슴 저미는 아픔의 나날
쓸쓸하고 외로웠네
긴긴 터널은
참으로 견디기 힘든 고통의 연속이었네
한여름 천지를 불덩이로 달구던
그 태양이
오늘도 허공에 매달렸는데
소리 없이 내리는 눈은
어둠에 누운 밤에도 춤추네.

우수

쌩쌩거리던 찬바람
넌들 별 수 있으랴
하늘 땅 오가며
이리 눕히고 저리 눕히던
미친 듯 휩쓸어대던
망나니짓도
접어야 할 때가 오는가 보구나

세상 어디에 영원함이 있겠는가
기죽어 침묵으로 움츠리고
보낸 세월 쓰린 그리움도
뒤안길에 다른 무게로 남겠지

이제야 깊숙이 묻어두었던
생명의 끈 풀어 소리 없이 다가서는
한 걸음 한 걸음 소리 없이 다가서는
희망의 빛 보이네
우주의 숨소리가 들리네.

우수경칩

건널 듯 건널 듯
긴 강 한복판에
우뚝 서서 머뭇거리던 너는
장군이었다

파랗게 하늘을 노래 부르던
나무들도 옷을 훌훌 벗어 던지고
나목으로 서서 벌벌 떨며
시린 눈물을 한 움큼 쏟아붓고
시퍼런 서슬에 오금을 펴지 못했다

하늘을 찌를 듯
당당하고 높기만 하던
장군의 기세
그 오만함이
긴 강 끝자락에 걸쳐
한번쯤 아쉬운 몸부림으로
죽지 붙어진 날개
접어야 하지 않겠니
동장군이여.

소쪽새

녹음방초 맞댄 살을 부비어
제살 깎아 토실토실 살찐
쪽빛 푸른 향기로 만삭이 된
앞산, 뒷산, 온 들판
샅샅이 누비며 넉넉히 채운
식탐도 부족했음이런가

가슴팍에 피멍이 들도록 묶어둔
남모를 사연이 그리 많던가
온종일을 울어대고도 부족해서
소쪽소쪽 소쩍다
적막으로 쌓인 어둠을 가르고

심장 밑바닥까지 맺힌 한풀이는
한 올도 남김없이
이제 바닥이 나지 아니했는가
각혈을 토해내는 메아리도
목 메어 통곡한다

연거푸 높이는 수탉의 목청이
빗장을 연 여명의 틈으로
쫓기는 어둠이 허둥댄다 소쩍새야.

파랑새

나도 모릅니다
언제 가슴을 열어놓았는지

모를 일이야
가슴 복판
한 마리 파랑새
둥지 틀고 터를 잡았습니다.

울지도 않습니다.
노래도 부르지 않습니다
한 마리 파랑새
다만 속삭일 뿐입니다
베토벤의 월광곡으로
건반 위에서 미친 듯 춤을 춥니다

가슴을 설레게 합니다
한 마리 파랑새
잔잔한 호수 흔들어
구석구석 내 영혼 깨워

왜
반짝이는 눈빛을 심는가.

봉황

봉황정에
고달픈 날개를 접은
한 마리 봉황새
아련한 솔향에 취해
버거운 삶은 포탄이 되어
대천 앞 바다 깊숙이 꽂히고

펑펑 쏟아지는 별빛
흐드러져 찬란한 여울
노래하자

한 살림 차린
구름의 베일을 벗기고
고고한 삶 엮어서
아름다운 꿈
멈출 줄 모르는 힘찬 나랫짓으로
황홀한 꿈
시인의 노래로 부르자.

아침서리

밤새도록 칼날 세워 밀집한 너
시기와 질투로 몸을 다졌는가
이별은 숙명이라면서
이별은 다른 시작을 기약한다면서
열띤 사랑으로 살찐
푸른 생명들
깔고 앉아 맹공을 퍼부어
숨통을 조였는가
기세등등한 너의 몸짓도
영원하진 않으리라
그 도도함이 딱 꺾이는 날
줄줄 눈물 흘리겠지.

가을 은행잎

노랗게 불타는 은행잎
푸르디푸르게 산발한 머리
찬란한 햇살 독차지하고
휙휙 휘파람 불던 낭만
이제 막을 내려야 하는가

탐욕으로 뻘뻘 땀흘려
펼친 한마당 춤
원 없이 누리던 그 영화
미련 없이
발자국으로 남겨야 할 때가 되었는가

이별이라고 생각을 말아라
화려했던 지난날의 발자국
왜
돌아보는가
사르르 눈감으면 될 것을

그리도 통통거리던 시절
두고 가는 것이 못내 아쉬워

아직도
찔끔찔끔 흘릴 눈물 남았는가

가슴 저미는 서러움 떨치려
노스탈지어를 휘어잡고
몸부림쳐
노란 손수건 흔드는가.

자연

발을 붙이지 못한 구름은
둥둥 하늘을 헤매고
머무를 줄 모르는 자연은
강으로
바다로
모여든다

살을 섞은 숲은
질서를 깨고
불륜을 저지른다

용케도 때를 알아
잎을 피우고
꽃을 피우고
열매를 맺는다

바람소리는 가지 끝에 맴돌고
청아한 물소리는 계곡에 매달려
있어야 하는 것이

있을 곳에 있는
자연의 신비함이여.

잡초

발을 붙여서는 안될 곳
아무 데서나 거기
미움으로 싹을 틔우더니
온 천지가 제 세상이란다

뿌리를 뽑고 또 뽑아도
그 질긴 근성 산으로 자라
꽃으로 핀 아름다움
사랑으로 가꾼 질서
모두 깔고 누워 제가 주인이란다

잡초는 잡초일 뿐인데
자신을 망각한 잡초가
철판을 깐 뱃심으로
히히 웃으며
온 세상 모두가 제 것이란다.

제2부

모란

모란

톡 쏘는 향이 없으면 어떠한가
살랑살랑 부는 바람에
그윽하게 내뱉는
향기마저 없어도 좋다
나는 이미 너에게 푹 빠진 포로다
어쩌면 그리도 화려하단 말인가
보면 볼수록 눈이 부시구나

오월의 햇살을
너 홀로 차지한양
구중궁궐 안주인처럼
자르르 흐르는 귀티에
어찌 포로가 되지 않겠는가

가슴이 설레인다
봇물 터지듯 쏟아지는
험난한 인생사에 찌든
답답한 가슴이 사르르 녹는구나.

매화

살을 깎는 눈보라
매서운 칼바람과
피를 토하는 혈투에 지쳐
초심을 잃고
무너졌을 만도 한데

무엇이 그리 급해서
햇볕 좋은 화창한 봄
농익은 봄날이 오기도 전에
파란 잎이 푸르게 푸르게
봄노래를 부르기도 전에

하얀 눈 머리에 이고
앙상한 나뭇가지에 꽃을 피워
고결하도고 뜨거운 정절
그리도 자랑하고 싶었나.

상사화

가슴에 복 받치는 서러움
밀물처럼 밀려오는 그리움
파란 이파리 속
내면으로 내면으로
깊숙이 감추었다가

그 성성하던 이파리가 모두 떠나버리면
인고의 세월 못내 아쉬워
알몸으로 긴 목 내밀어
우산으로 그리움 피었나
두고 두고 지금처럼
웃어다오.

금낭화

밤 새 내린 이슬로 머리 감은 그대
눈부신 햇살 받아
줄기마다
가녀린 손으로 등을 매단 초심은
덕지덕지 때 묻은 중생의 업
어디쯤에서 벗어 놓을까

숙연히 고개 숙여 고통과 번뇌
모두 털어버리려고 등불 밝히겠지

지나던 바람이 살며시 엿보면
부처님 웃음으로 웃어주는 그대
깨끗한 영혼 십오한 그곳 깊숙이
심지 돋구어 불 밝히리

깨달음의 경지에 오를 때
등마다 소원성취
가득가득 담아
복이 넘치는 행운을 안기며
윤회의 싹 내밀고 열반에 이르리라.

장미

비오는 날 빗속에서
더욱더
이글이글 타오르는 불꽃
절정을 모르고 치솟는
저 불길을 지피기 위해
지고지순한 순결을 바쳤으리라

핏물로 퍼붓는 고독과
인고의 깜깜한 방에 갇혀
참선이란 이름으로
포박되었을 너
요염한 너의 그 입술은
자만과 오만이 아니라
뜨거운 정열이다.

단풍 1

초록으로 물들어
검푸른 초록으로 살찌워
머리에 쏟아지는 불볕이
천지를 뒤흔드는 뇌성벽력이
미쳐 날뛰는 태풍이
사정없이 뺨을 후려쳐도
살을 찢는 인고의 아픔을 딛고
꿋꿋하게 의연했던 너

제철 찾은 따사로운 가을 햇살에 기대어
쌩쌩한 청춘을 노래한 것이 이별가였던가
별 수 있겠느냐
세월 이기는 장사 있던가
쇠약해진 모습 뒤로 하고
노랗게 옷을 갈아입는가 싶었는데
어느 새 빨갛게 아주 새빨갛게
불태워 가는가.

단풍 2

세월을 뛰어넘지 못하고
마음을 비웠는가

서둘러 여기도 조금 저기도 조금
널뛰듯 뛰어다니며 물감을 뿌리더니
잰 손놀림으로 채색을 시작한 것이 엊그제였는데
노랗게 빨갛게 형형색색으로 수를 놓아
산자락에 한 폭의 동양화를 그렸는가
어쩌면 그리도 아름답단 말인가

연신 감탄사를 토하게 하는구나
열 번 백 번 감탄사를 토해도 부족하다
무릉도원에 푹 빠진 듯
황홀경에 빠져 무아지경일 뿐이다.

단풍 3

잠시도 머물 줄 모르는 세월
거부하지 못하고
기어이 가야 할 때를 알았는가

눈물일랑 보이지 말자
차라리 비단 옷 치장으로
정열을 쏟아
한바탕 춤 굿이나 벌리려는가

뼈를 깎는 아픔으로
새 생명 탄생을 위하여
공성이 난 푼푼한 몸짓으로
훌훌 턴 빈손으로 가려는가.

등산

손짓도 아니 했다
목청 돋구어 부르지도 아니 했다
하지만 가슴 꽉꽉 치밀어 차는
너에게로 향하는 마음은
언제나 작은 달이
바닷물을 끌어 마시듯이
무력하게 질질 끌려 다님은
그리움이 봇물처럼 터졌기 때문일리라

이마에 매치던 땀방울이
송알송알 속옷을 적시더니
이제 겉옷까지 적셔 몸에 감긴다
턱밑까지 치받던 호흡은
멈춰버릴 듯 거칠어진다
넘어지고 또 일어서기를 거듭하며
천근 만근 되어버린 발자국으로
가슴가슴을 짓밟으면서
코를 땅에 박고
흙냄새 속삭이는 사랑노래로
우뚝 정상이 된다.

구름

이리 갈까
저리 갈까
망설임 없이
여기면 어떻고 저기면 어떠랴
그저 발길 닿는 대로
가다가 주저앉으면
그곳이 집이었다가

집이 싫어 뛰쳐나오면 타향
타향살이 어떠랴
몸 풀어
코끼리도 만들어 보고
백년 묵은 여우도 만들어 보고
신출귀몰하는 지팡이 도사도 만들다가
식상이 나면
다시 헤쳐 모아 한 몸으로
휘영청 밝은 보름달도 삼키고

이글거리는 태양도 삼키는
때로는 심술쟁이

때로는 요술쟁이로
마음껏 유랑하고
흔적조차 남기지 않고 사라지는 구름
인생살이 또한 별거던가
아등바등 해봤자
한 조각 구름인 것을.

성주사지 5층 석탑

공허한 빈터 주춧돌엔
신라인의 심장이 뛰고

쓸쓸한 바람은 외로운데
내면 깊숙이 묻어둔
인고는 우주를 만들고

108번뇌 염주에 꿰어
석가여래 나무아비타불
염불소리 목탁에 담고

영겁을 넘어 영겁이 다할 때까지
속세에 남겨둔 한 오라기 정마저
장중한 2층 기단 위에 뿌려
5층 석탑 구석구석 채우고

도망치는 세월은
아쉬움에 몸부림치다가
허공을 맴도는 바람 따라
총총한 발걸음소리 푸르고

낭혜화상 극락왕생
숨결 고르는 소리 아련하네.

은진미륵

천 년 세월
반야산 기슭에
보물 제 218호로 우뚝 서서
계백의 넋이 잠든
황산벌 굽어보는 미륵
온화한 그 미소는
고려의 숨결이네

국내 제일을 자랑하는
거대한 키는
동자승의 지혜를 말하여 주고
혜명대사의 영혼은
추렁추렁 늘어진
법의 속에서 숨쉬네

수십 년 흘린
수 백 명 석공들의 피땀은
말없이 입가에 흐르고
어깨까지 넉넉히 늘어진

귓속에 맴도는 중생들의 고통과 시련
자비로 보듬어 호국불이 되었네.

바다

바다는 넓은 가슴을 내밀었습니다
너도 오고 너도 오고 또 너도 오너라
상류층이면 어떻고 하류층이면 어떠랴
남자면 어떻고 여자면 어떠랴
노인이면 어떻고 아이면 어떠랴
벌거벗으면 다 똑같은 것을

바글바글한 인파
벌거벗은 그대로 좌충우돌
송사리 떼처럼 들끓는 인파
모두에게 가슴을 내맡기고 누운 바다
바다는 모두에게 낭만이었습니다

슬프면 통곡하라
즐거우면 노래하라
행복하면 함성을 지르거라
바다는 모두에게 평등했습니다
하지만 몸부림치고 싶었습니다

늘 헐벗고 허리띠를 졸라매야 하는 경제
회생할 줄 모르는 경제가 곤두박질 바닥만 치는데
정치판이 새끼줄처럼 비비틀리기만 하는데

어제도 그랬듯이
국민을 위한 정치판 대신
오늘도 난투극만 벌이는 싸움판
그 처절한 싸움판만 바라봐야 하는
가련한 국민의 아픔을 어찌 감당하란 말인가
바다여.

바람의 통곡

하얀 밤
눈 내리는 하얀 밤
질퍽하게 깔린 어둠이
숲을 이룬 어둠이
하얗게 몸풀고 누웠습니다

먼저 떠난 시간은 따라온
철딱서니 없는 시간
시간은 돌밭 길을 걸어온 육신을 도륙냅니다

벗을래야 더 벗을 수 없는
나목 가지 끝에 목을 매단 바람이
몸부림칩니다

눈 내리는 이 하얀 밤을 새워
난도질할 육신이 없다고
붉은 피를 토하며 쓰러질 영혼
무자비하게 짓밟을 영혼이 없다고
통곡합니다

눈 내리는 하얀 밤
하얀 바람이.

예당호

이 골짝 저 골짝
흩어진 계곡 물 모아
물안개 피어오르는 수평선 저 넘어
끝자락이 보일 듯 보일 듯
아득한 바다를 이루고 누은 예당호여
그 장엄함에 어찌 감탄하지 않으리

때로는 파란 쪽빛 하늘 퍼담다가
의좋은 형제 뜨거운 정 보듬으며
임존성 백제 부흥군의 우국충정에
가슴을 열고
밤마다 쏟아지는 찬란한 별들이
속삭이는 밀어를 끌어 안고
출렁출렁 춤을 추며
예산, 당진 젖줄이 되어준 예당호여

이 끝에서 저 끝까지 가로지른 다리
물 위에서 출렁출렁
스릴과 낭만이 출렁대는
국내 최대의 출렁 다리

하늘 높이 치솟아 이리 흔들 저리 흔들
쇼의 극치로 자아내는 예술의 분수
모두가 장관이로다
아 어찌 사랑하지 않으리
예당호여!

예당호에서

예당호 주변
양지바른 산자락 밑
어죽 집 툇마루에 앉아
어죽을 먹는다
한 수깔 입에 넣으면
얼큰해서 호호
또 한숟깔 위에
혹독한 폭염이 얹혀져
이마에 땀방울이 송골송골

뱃속에서는 미꾸라지가 꿈틀
입안에서는 오독오독 씹히는
새우가 팔딱팔딱
예당호 수면을 맴돌다가 뛰어온 바람
땀방울을 씻는다
하늘이 툼벙 빠진 예당호 파란 물결
잔잔한 노래 여운으로 남네.

제3부

산속 풍경

산속 풍경 1

덧없는 세월만 퍼 담은
초라한 황혼
미련하게도 어쩔 수 없이
어제 걸어온 길 오늘도 걷고
내일 또 다시 그 길 위에 서야 할
황혼의 언덕에서
절름거리는 내 인생 앞에
초록의 빛들이 우르르 몰려
한바탕 벌려놓은 잔칫상
가슴에 부듯하게 안기는 그 젊음
모두 가지란다.

산속 풍경 2

산에 오르면
모든 것들이
우르르 달려온다

난쟁이 떡갈나무
사철 푸른 소나무
마냥 웃는 진달래도
질세라 앞 다투어
제 자랑을 한다

발 빠른 청설모는
나 잡아보라고
숨바꼭질을 청한다

내 님을 찾아달라고
사랑하는 내 님은
어디 있느냐고
장끼란 놈은
목청을 돋군다

그래 너희들은 모두가
펼쳐진 무대 위
광대니라
속살 부비는 춤도
마음껏 추거라

아름다움을 노래하는
꽃들의 향연도 들어주고
짱끼란 놈 목이 터지기 전에
애인도 찾아줘야 하겠지
아
나는 행복한 관객.

산속 풍경 3

수많은 새들이 숲속을 누빈다
솔방울보다 더 작은 새
덩치가 큰 부엉이
사계 중 좋은 계절만 따라다니는 철새
사계를 붙박이로 사는 텃새
하루 종일 구슬피 울어 대기만하는 놈
하루 종일 흥겹게 노래만 부르는 놈
호화찬란하게 옷 입은 장끼 같은 놈
별놈들이 나를 반긴다

담배밭에 조도령을 부르는 친구
더욱더 신이 나서 목청을 높이고
방정맞은 찍찍이 새는 찍찍
희소식도 전하지 못하면서 까치는 깍깍
계집 죽었다고 지집 죽구 지집 죽구
목놓아 통곡하는데
어찌 조객 하나 없는가.

세월 1

만 가지 빛들
무성하게 자라 출렁이던 빛들
가슴을 설레이는 향기
황홀한 꽃으로 피지 못한 채
송두리로 뽑혀
산산이 부서져 파편으로
허공중에 흩날리는구나

한 줄기 그림자라도
부여잡지 못 한 것이 못내 아쉬워
교차로에서 처절하게
말뚝으로 서 있는 내 등 뒤로
살금살금 지나는 그대여
잠시라도 머뭇거려 달라고
제발 속도 좀 줄여달라고
애원해 본 들
바람에 흩어지는 공염불일 뿐
뒤도 돌아보지 말고 가려무나.

세월 2

그립다
사무치도록 그립다
허허 껄껄 웃던 친구
세상이 다 자기 것인 양
충만한 허세로
자신만만했던 친구
어느 새 어디로 갔나
지금은 희미한 그림자로
내 앞에 서는구나

술 한 잔 들어보게
잠 못이루는 밤
홀로 앉아 술잔 기울이는 내가
애처롭지 않나
하지만 어쩌겠나
이 친구 저 친구 얼굴
이 잔 저 잔에 담아
밀물로 쏟아지는
그리움 달래보네.

세월 3

기다리거나 멀거나
말 한 마디 기척도 없이
한눈 한 번 팔지 않고
눈 앞에 다가서는 듯
훌쩍 떠나버리는 그대

이미 정해진 것이기에
야속할 것도
한스러울 것도
없지만
마음 한 구석이 비어
허공으로 남는
허탈함은 감출 길이 없구나.

세월 4

뒤 돌아보지 않고
앞만 보고 달리는
그대 길목에 선 나
어쩌면 이리도 초라할까
그 숱한 인고의 세월이
눈물겹도록 쓰린 아픔으로 남아
끝내는 절제의 둑마저
무너져 내리는구나.

세월 5

억겁의 세월
비가 오나 눈이 오나
외길만 달려온 그대
오늘도 가고 내일도 가야 할
그 불변의 길
한 번쯤은
탈선을 바라는 어리석음
비웃지 마오
머리 위에 백년을 이고도
어제의 청춘
하염없이 봇물로 터지는
그리움이어라.

세월 6

초침이 누구를 위해서 멈추겠는가
절름절름 저는 듯 저는 듯
멈출 듯 멈출 듯
멈춘 듯 멈춘 듯
해거름은 더욱 더
걸음을 재촉했다

황혼은 미로 속에 몸을 묻고 통곡했다
사랑을 노래한 뭇새들
황홀한 하루를 접었다

빈 들판 어디쯤 누웠던 바람
사무치는 열정으로 깃발 흔든다

싸늘한 냉기
어름이 된 어둠
방안에 가득하다

향기 잃은 삶의 언저리
마디마디 아리다
아 적막강산 숨결의 흐느낌.

서대산

버스 속에서 쏟아진 산
앞서거니
뒤서거니
단숨에 정상이 된
벅찬 가슴 앞세워
산자락 발밑에
사쁜 사쁜 옮긴 토끼 걸음

저만치 앞서가는 마음
다스리지 못한 산들
여유 만만한 넉넉함 잃고
엉금엉금 거북이가 된다

조약돌만한 배낭
커다란 바위가 되어
작은 산 뒷덜미를 잡는다

굳게 닫은 산들의 침묵
산들이 헐떡이는 숨소리로
산을 덮고

산들이 산에 올라
904m 서대산 정상푯말 위에
또 다른 정상을 세우니
용바위, 신선바위, 장군바위, 노적봉
발밑에 조아리는 그 장관
어찌 한 폭의 동양화에 비기리.

서산 마애삼존불

천여 년 긴긴 세월
몸에 휘감은 마애삼존불
용현 계곡 흐르는 물소리
골짜기 스치는 바람소리
벗삼아
양 같은 백제인과 함께
바위절벽에 매달려 웃고 섰노란다

제화길라 보살상
지긋이 감은 듯 사르르 뜬 실눈 가
보일 듯 말 듯
흐르는 미소
갓 피어난 한 떨기 수줍은 연꽃이었습니다

단련된 몸매
상체를 받쳐주는 미쁜 양다리
톡톡 튀는 인상
그런 모습이 내 모습이라고
미락반가상이
열여덟 숫처녀 수줍은 미소로 속삭입니다

무쇠라도 녹일 듯한 미소
가슴에 찡하고 꽃입니다
돌아서려면 또 발길을 붙잡고
중생들아 백팔번뇌 모두 두고 가렴
또
가슴 출렁 설레이는 미소
석가여래 눈가에 잔잔합니다.

삼길포

회를 즐기는 사람들의 발길이
줄을 잇는 곳 삼길포

고기 많이 드리께유
아저씨 이리 와봐유
아줌마 이리 와봐유
정박한 배 위에서 앞다투는
아낙네들의 충청도 특유 사투리

호객 소리는
끼룩끼룩
갈매기 소리 화음으로
부두에 젖고

광대가 되어 춤을 즐기는
갈매기의 장관을
카메라에 담기 바쁜
사진작가들은 얼이 빠지고

수족관에서 유영하던
고기들은 도마 위에서 파닥거리다
가차없이 회 칼날에
비참한 생의 최후를 마치고

초고추장 범벅이 된 살점들은
너와 나
당신과 나
그대와 나
입 속에서 녹아
우정은 한 계단
달콤한 부부애는 두 계단
연인들의 설레는 애정은 열 계단
업그레이드되는 곳 삼길포.

무정한 세월 1

흐드러진 진달래꽃 무덤이 눈부신 봄
요란스럽게도 제 번지를 알리던 장끼란 놈이
다음 주자에게 바톤을 넘긴다

덥석 바톤을 이어 받은 여름
푹푹 찌는 더위 속에서
땀으로 샤워하며 푸르름이 살을 찌운다
가속을 붙인 불볕
그 불볕도 천하장사는 아니었다

별수 있으랴
서서히 기운을 잃고 주저앉아
노랗게 빨갛게 물들어 가는 가을을 본다
화려하게 새 옷으로 치장한 가을
황홀한 패션소를 펼친다

몸을 파고드는 찬바람이 질투한다
어느새 힘에 밀린 패션쇼가 막을 내린다
기세 등등한 찬바람
이제는 하얀 눈을 몰고 온다

온 천지가 하얗게 눈으로 분장한다
그렇게 세월은 무정하게 가는가 보다.

무정한 세월 2

올 때는 느리다
만나야 할 사람을 기다릴 때
사랑하는 사람을 기다릴 때
경사를 기다릴 때
많고 많은 기다림이 있을 때는
마냥 굼뜨다
기다리다 지쳐 짜증스럽기도 하다

그러나 기다림이 이루어지는 순간부터는
발걸음이 빨라진다
뒤도 돌아보지 않는다
아니 벌써란 말이 나올 때
비웃기라도 하듯
너는 이미 멀리 가고 있었지

나뭇가지에 걸리었으면
바닷물에 풍덩 빠져 허우적거렸으면
바위에 걸려 털썩 주저앉아
잠시라도 쉬었다 가면 좋으련만
익숙해진 걸음으로 멀어져 가는

너를 잡을 수는 없는 것일까
너를 붙잡을 장애물은 정녕 없단 말인가

추억이 희미해질 때
발자욱조차 남기지 않고
가뭇없이 흘러가는 것이 너더냐
아 얄미운 너.

무정한 세월 3

즐거웠던 추억
행복했던 추억
가슴속에 품었던
숱한 꿈들
가슴 깊숙이 감춰 두었던
뜨거운 열정이 누군들 없었으랴

아무리 들춰내본들
다 소용없는 일이다
이제는 다 사라지고 없는
하얀 기억들뿐이다

어정쩡한 미소 속에
감춰두었던 회한조차
훨훨 날아가 버렸다
그래도 후회는 하지 말아야지.

제4부

김매기

나무들

사악한 인간들
탐욕스런 인간들은 닮지 말자
섭리를 역행한 자연이 있던가
가질 만큼만 갖자
누릴 만큼만 누리자

가슴속에 폭 싸둔 마음
깊게깊게 뿌리내리어
생명을 잉태한 날부터
얼마든지 가질 수 있고
배가 터지리 만큼
과식을 할 수도 있으련만

홈뻑 땀흘리는 햇볕이
지천으로 넘치는데
컴퓨터로 계산해서
달게 마신 쪽빛 나무들이
이슬 내리는 어둠을 몰고 오는
바람으로 뽀얗게 목욕을 하고
잠자리에 눕는다.

김매기

나는 전쟁을 시작했다
비굴하게 야간 기습이 아니라
하얀 백주에 총을 겨누었다
물론 선전포고는 확실하게 했다

나의 영토에 뿌리를 내리고
싹을 틔우지 말라는
따닥 입술을 깨문
나의 지엄한 경고를
하얗게 무시해 버렸기 때문이었다

적들은 작렬하는 태양을 싹둑싹둑 잘라먹고
기골이 장대한 모습으로 당당하게
포진하여 공격태세를 갖추고 도전했다

나는 무참하게 도륙을 시작했다
전략이나 병법 따위
소름끼치는 비명을 질러도
살려달라는 가슴 찢는 애원도
모두가 사치스러운 넋두리일 뿐

이제 두 손을 들어 투항해 와도
용서라는 것은 벌써 바다를 건넜다

방아쇠는 당겨졌고
총열을 떠난 실탄은 놈의 가슴팍을 향하여
날아 꽂히고 있다

악착같이 땅을 움켜잡고
낮은 포복으로 저돌적으로 돌진하는 놈
절대로 무너질 기미가 보이지 않는
탱그부대를 선두로 한 기갑연대
비실대는 보병사단
한 놈도 남김없이 싹 쓸어버리는 것이다

후환의 틈새를 보이지 말자
굶주린 정승사자보다 더
나는 지독한 살생자니까.

가로수의 속삭임

노란 선 가운데 두고 만남이 없는
마주선 흰 선 따라 평행선을 이룬 너
한 입 태양을 먹고 살찌웠지

오고가는 차량들의 소음도 먹고
매연까지도 겁 없이 먹어치우면서
언제나 청춘이라고 쪽빛으로 속삭였지

쏟아지는 별빛의 밀어로
한밤의 고독도 모른 체
감미로운 에메랄드만 꿈꾸었지

온산 열매로 익은 불꽃놀이 축제에
덩달아 합창으로 춤을 추던 너
이제는 노랗게 지쳤나보다

새 생명 탄생을 위하여
노랑나비 너울너울 춤으로
젊은 날의 고향집 추억을
애써 떨치려 몸부림치는 너

어찌하랴 흰나비 춤을 기다리는
가을이 흠뻑 깊어 감을.

나목

속살 드러낼 때까지
KO펀치 철권이
겨우내
밤낮
난타를 했어도
만신창이 흔적 한 점 없이
처절한 모습 보이지 않고
의연하게 버티어 온 너

보조개 드리운
열여덟 앳된 수처녀
수줍은 미소가
가녀린 몸을 감싸줄 날을 믿기에
살점 깎는 아픔을
목관부 깊숙이 감추고
눈물을 삼키는 나목이어라.

가지 많은 나무의 통곡

발자국 소리 없이 다가와
살며시 어깨를 짚는 바람은
한들한들 춤으로 맞이해 주고
멀리서 잠자던 바람이 벌떡 일어나
도도하고 거만스런 발걸음으로
달려들어 뺨을 갈길 때면
언제나 그랬던 것처럼
겸손으로 대해 주고
몽둥이나 철퇴로
독하게 패대기치거나
살기 품은 맹수처럼
충혈 된 이빨을 드러내어
만신창이가 되도록
찢고 할퀴는 태풍이란 놈은
잘 숙달되고 길들여진
온몸으로 아주 의연하게
수용해 주지만
내면으로 썩어 문드러지는
통곡을 아는가
그대여.

그리움 1

사랑한다 말하지 않아도
눈길이 끌리는 것은
그리움 때문이리라

그립다 말하지 않아도
목이 타 들어가는 것은
그리워하기 때문이리라

나 여기 벌들이 누운
하얀 풀밭에 누워
별빛 속에 숨어버린
그대 환한 모습 찾으리라

깨알처럼 살을 맞댄 은하수가
흐름을 멈추고 빛을 잃을 때
손에 쥐어지는 한 움큼 허전함은
사무치도록 그대 그리워하기 때문이리라

손을 뻗으면 닿을 듯
그대가 늘 옆에 있는 듯이 느껴지는 것은
내 가슴 한 가운데

그대 빨간 장미 한 그루 심어
물을 주고 보듬는 것은
그대 죽도록 그리워하기 때문이리라.

그리움 2

그대 떠난 자리
비워두지 않으려
그대가 남긴
숨소리
웃음소리
움직이는 모습
모두 쓸어 담아
그래픽 해 놓은 하드웨어는
더 이상 저장을 거부하네

하루가 가고
또 하루가 저물어
깊은 밤
창을 때리는 바람소리가
잠을 깨우면
밀물처럼 밀려오는
외로움이 쌓아올린 탑
그대 그리움이었네.

그리움 3

살며시
옆에만 있어 주면
그것이 사랑이라 믿으렵니다

잠시라도 그대와 떨어져 있는 시간
긴긴 세월로만 여겨져
돌아오지 못할
강물이 될까 앞이 보이지 않습니다

삼복 불가마도 태우지 못한
작은 가슴
그대 그리움에
재가 될까 두렵습니다

까만 불면의 밤
소복소복 쌓이는
하얀 재가 태산이 되는 것을
그대는 아십니까?

그리움 4

가을 어느 날
빨갛게 불타던 단풍
우수수 질 때

전이가 빠른 처녀의 센티멘털처럼
왈칵 덤벼드는 우수
가슴 깊숙이 박히는 허무
봇물처럼 쏟아지는 외로움은
머리 끝에 매달린 세월
진정 수 많은 세월 탓일까

가을의 끝자락을 잡은 세월이여
걸음을 멈춰다오
그리고 들어다오
파도에 부서지는 봄 햇살이
그리운 나의 비명을.

아침연가

참새가 짹짹
아침 찬가를 열창한다
살짝 미소 짓는 햇살이
똑똑 창문을 두드린다
자석처럼 자동으로 끌리어
창문을 열고 밖을 바라본다
발걸음 잰 찬바람이 육신을 휘감는다
찬란한 별들이 놀고 간 자리에 누운
찬 서리가 밤새도록 혹한에 떨고
고독했던 것이 서러웠나
소리 없이 눈물 흘리며
아침을 여는 햇살을 맞이한다.

정

작은 가슴 한 구석
사뿐히 날아온 나비 한 마리
애띤 꽃방석 깔고 눕는다

갸날픈 섬섬옥수로
깊숙이 보금자리 보듬어
하얀 실뿌리 내린 신접살이

억새밭 밟고 온 만고풍상
아름으로 쏟아지면
밝은 태양 움켜잡고
고통의 눈물로 실뿌리 살 불리어
평생을 두고두고 풀어써도 못다 할
서리서리 서려 담은
밧줄이여!

섭리

여름밤 불빛에
날아드는 부나비처럼
욕망은 욕망을 낳고
욕망의 자식은 또 욕망을 낳고

가져도 가져도 끝이 없는 욕망
가진 자가 더 갖기 위해서
약한 자의 코딱지를 떼어먹고
촉새가 황새 따라가려고
은행 금고를 뜯고

무소불위 권력은
더 큰 권력을 맴돌다가
비참한 몰락으로 곤두박질하고

오늘도 변함없는
권불 십 년이란 진리는
자연의 섭리던가.

눈물

시도 때도 모르고
주책없이 흘러나오는 것이
눈물일러라
염치도 체면도 없다
진리나 순리 따위도
모두 제자리가 소용없다
기쁠 때나
슬플 때나
이성과 감성의 한 복판에서
소용돌이치는 감격이 복받칠 때
펑펑 쏟아지는 것이
눈물이 아니더냐.

첫눈

멈출 줄 모르는
시간들이 달려 온 곳
가을을 넘어 겨울이란 언덕에
한 발 드려놓는가 했더니
벌써 눈이 내린다
춤을 춘다
하얀 순백의 눈이 대지 위를 나른다

머리에 머물다 간 시간들
돌아보는 아쉬움
마지마 남은 달력 한 장
그 쓸쓸하고 고독한 외로움
하늘을 나른다
첫눈이 내리네.

하얀 터널

고독하고 가슴 저미는 아픔의 나날
쓸쓸하고 외로웠네

긴긴 터널은
참으로 견디기 힘든 고통의 연속이었네

한여름 천지를 불덩이로 달구던
그 태양이 오늘도 그 허공에 매달렸는데

소리 없이 내리는 눈은
어둠에 누운 밤을 달래네.

겨울 해변

이별은 늘 슬픈 것
하지만 이미 예고된 것이 아니던가
해가 뜨면 지는 것처럼
벌떼처럼 엉킨 인파
썰물처럼 빠져나간 빈 가슴
채워지는 것은 허전함뿐이겠지

어둠은 바닷속에 처박히고
끼룩거리던 갈매기 비상도 잠든 밤
밀려오는 목쉰 파도소리
적막을 기를 뿐

갈팡질팡 어둠 속을 달리는 추억
산이 되어버린 고독은 가슴을 태우고
기러기 발자국 위에 그리움이 커 가는데
그림자 하나 갖지 못한 채
그대 홀로 누워
파도의 슬픈 눈물을 보여야 하는가.

여로

길 위를 걸었다
어제도 걷던 길
오늘도 그 길 위에
두툼한 침묵으로 족적을 남겨 보지만
갈구하는 무지개는 저만치 누워서 웃고
화사한 꽃들이 펼쳐진 길
늘 멀리서 춤추고
걸음은 비몽사몽 잠결이었나

구비마다 피땀 흘린 우여곡절 곡예
노을진 영혼 상실의 무게로 눌리고
모든 꿈이 떠난 쓸쓸함만 가득한
이 황량한 길 위에서
초라하게 찢긴 육신
정처 없이 떠나는 한조각 구름이었나.

해설

시, 바람, 연모 그리고 개화開花의 길
- 청암青巖 우제봉의 시세계

신익선(문학평론가·문학박사)

<해설>

시, 바람, 연모 그리고 개화開花의 길
- 청암靑巖 우제봉의 시세계

신익선(문학평론가·문학박사)

1. '시'의 서사

　시인의 언어는 언어의 원천이다. 시인이 진설해 놓는 언어를 통한 이미지가 사상思想을 앞서고 개념概念을 초월하는 까닭이다. 통상, 철학이 새로운 개념의 전개라면 시는 정신의 언어적 표현이란 말을 많이 사용하지만, 기실 시는 정신과 육체라는 인간의 영육에 대한 이원성이 아닌, 정신을 초월한 그 이상의 존재, 이를테면 신비한 영혼이라든가 혼령의 현상학이라 하겠다. 그렇지 않고서야 어찌 한 자리에 북 박혀 서 있는 '바위가 길을 가고, 나무가 길을 가는' 이성과 인식을 뛰어넘는 초자연적 현상이 벌어지겠는가. '바위'나 '나무'처럼 어찌 '세상 모든 것들이/제 길을' 가고, 우제봉 시인 역시 평생 '시인의 길'을 걸어왔다고 시집 서두부터 태연하게 단언할 수 있겠는가. 충남 예산군 대술면에서 태어나 지금도 대술 고향 집에 살아가는 청암 우제봉은 그의 세 번째 시집인 『가을 은행잎』 서문에 명확하게 그를 선언하면서 시집의 첫 페이지를 연다.

바위는 제 길을 간다
나무도 제 길을 간다
세상 모든 것들이
제 길을 간다
나도 내 길을 간다
꽤나 오랜 세월
황소처럼 뚜벅뚜벅
시인의 길을 걸어왔다
가면 갈수록
미궁에 빠지는 시인의
길을 걸으면서
영원히 남을
옥석을 찾으러
눈에 불을 켜본다.

- 「서문」 전문

 사람만이 '길'을 걷는 게 아니다. 인간만이 이 지구상에서의 인생길을 살아가는 게 아니다. 사람과 사람이 어우러져 서로 왕래하고 소통하며 살 듯이 '바위'도, 그리고 '나무'도, 서로 왕래하고 서로 소통하며 산다. 우주 만물이 다 제각각 '제 길'을 걸어가며 산다. 그러나 일반 여느 사람들 눈에 안 보이는 '바위'의 이동, 그리고 '나무'의 외출을 본다는 것은 예사로운 일이 아니다. 서문의 화자가 세속을 초월한 시각과 풍류를 지니지 않고서는 할 수 없는 말이다. 무언가 새로운 시안詩眼이 뇌리를 칠 때만이 표현 가능한 시의 언어인 것이다, 더구나 시인 스스로가 일, 이년 후에 구순九旬이란 점을 상기해 보면 이런 언어의 설정은 한 여름철 산골짜기 냇가 반딧불처럼 반짝거린다. 그리고 보니 실제로 정말 반딧불인가. 시집의 초입에서부터 그런 고백을 듣는다. '나도 내 길을 간다.'라고 말한다. '꽤나 오랜 세월/황소처럼 뚜벅뚜벅/시인의 길을 걸어'왔음도 직시한다. 직설적으로, '꽤나 오랜 세월', 노년의 시간에 닿도록 '황소' 처럼 시인의 길을 걸어왔다는 것이다.

그런데, '시인의 길'이라 한다. 아득하여라, '시인의 길'이라니, '시인'은, '시인의 길'은 음지陰地나 맹지盲地 정도가 아니다. '시인'은 음습陰濕하고 음험陰險하며 독충에 물리면서 밀림지대를 알몸으로 통과하는 것, 그 이상의 험로가 예정된 운명 아니랴. 아찔하여라. 아무런 대책 없이 그 길을 들어서서 온몸이 만신창이가 되는 상처투성이 시인의 길을 준비하고 있는 것 아니랴. 그리하여 '시인', '시인의 길'은 누구나 막론하고, 사람들이 그토록 바라고 고대하는 꽃길이 아니다. 그 반대다. 고난의 가시밭길이 점철될 길의 여정이 예고되어 있다. 그것이 시인이 지상에 살아가면서 등에 짊어지고 일생을 살아가는 생애의 숙명이다. 그래서 어느 시대를 막론하고 '시'의 탄생은 험난한 개인사를 담보한다.

시인에게 있어 시집이라는 언어의 일대기, 시어라는 일생의 여정은 그리하여 흔히 불가佛家에서 말하는 사계四界에 맞닿아 있다. 즉 세계를 이루는 기본적인 네 가지 물질들인, 지地, 수水, 화火, 풍風을 알몸으로 감내하는 일이 거의 숙명적으로 전개된다. 그 이외에도 생살이 터지는 삶을 이름한다. 시인은 무한한 자신만의 심적 고뇌로 뒤덮인 동토의 '겨울'이라는 '여로'를 걷는 자들인 것이다. 한없이 '쓸쓸하고 외로운' 자들의 이름, 출구가 안 보이는 '긴긴 터널'을 통과하는 이들의 이름인 것이다. 또다시 더더욱 아득하여라. 그렇기에 '시', 그리고 '시인의 길'이란, 시인 자신의 고독한, 필연적으로 무한 고독하여야 할 생애 내내 '시'

쓰는 일 말고는 모든 것이 다 '쓸쓸하고 외로운' 것이다. 그를 직시한 아래의 몇몇 시편을 보자.

① 고독하고 가슴 저미는 아픔의 나날
쓸쓸하고 외로웠네
긴긴 터널은
참으로 견디기 힘든 고통의 연속이었네
한여름 천지를 불덩이로 달구던
그 태양이
오늘도 허공에 매달렸는데
소리 없이 내리는 눈은
어둠에 누운 밤에도 춤추네.

- 「겨울」 전문

② 길 위를 걸었다
어제도 걷던 길
오늘도 그 길 위에
두툼한 침묵으로 족적을 남겨 보지만
갈구하는 무지개는 저만치 누워서 웃고
화사한 꽃들이 펼쳐진 길
늘 멀리서 춤추고
걸음은 비몽사몽 잠결이었나

구비마다 피땀 흘린 우여곡절 곡예
노을진 영혼 상실의 무게로 눌리고
모든 꿈이 떠난 쓸쓸함만 가득한
이 황량한 길 위에서

> 초라하게 찢긴 육신
> 정처 없이 떠나는 한 조각 구름이었나
> ―「여로」 전문

  길, ①의 시편에서 등장하는, '고독하고 가슴 저미는 아픔의 나날'을 만나는 일은 '길'에서 얻은 '길'의 서곡序曲이다. 눈에 뒤덮여 '길'이 드러나지 않는 '겨울'에 이르러서야 화자는 지나온 봄, 여름, 가을을 회상한다. 지상의 사계를 걸어오면서 맞닥뜨린 '겨울'은 '소리 없이 내리는 눈'을 보는 일이다. '내리는 눈'을 바라보면서 회상하는 '쓸쓸하고 외로웠네/긴긴 터널은/참으로 견디기 힘든 고통의 연속이었네' 어조가 숙연함을 갖게 한다. 겨울 황혼, 우제봉 시인은 평생을 교육계에 봉직하면서 시인의 길을 걸어와 겨울에 서 있다. 일생 순간순간마다 진실로 선하고 진실하며 정의롭게 살아왔다. 그렇게 살아온 '길'은 외견상 평온하였다. 그윽하였다. 그런데 시인의 겨울이 어째서 '쓸쓸하고 외로운' 것인가. 어째서 '긴긴 터널은/참으로 견디기 힘든 고통의 연속'이라는 것인가. 간단하다. 그것은 일 년이라는 사계 중에서 '겨울'이 동토凍土이기 때문이다.

  '겨울'의 '길'은 필연적으로 질척거린다. 내려 쌓여 있는 눈이 서서히 녹아 물이 되어서이다. 그 모양새가 흡사 '아픔'을 참아가면서 살아가는 이 땅의 '시인' 군상을 표상한다. 지상에서 시인의 아픔이란 흡사, '한여름 천지를 불덩어리로 달구던' 계절을 지나서 '눈' 내리는 '동토'의 생애를 살아가기 시작하는 「겨울」 시편 풍경과 유사하다. 시인은 이 세상에서 그 누구보다 외로운 자의 호칭이다. 자랑이나 박수받을 일 등과는 거리가 멀다. 그래서 일찍이 백석 시인은 "하늘이 이 세상을 내일 적에 그가 가장

귀해하고 사랑하는 것들은 모두/가난하고 외롭고 쓸쓸하니 그리고 언제나 넘치는 사랑과 슬픔 속에 살도록 만드신 것."(백석, 「흰 바람벽이 있어」 일부)이라 썼다.

그와 여일하다. 우제봉 역시 '시', 그리고 '시인의 길'을 걷지 않았다면야 '긴긴 터널'이, 그리고 '참으로 견디기 힘든 고통' 순간들을 저토록 가감 없이 명료하게 고백할 수 있겠는가. '시', 그리고 '시인의 길'을 품었기에 언어의 눈, '소리 없이 내리는 눈은/어둠에 누운 밤에도 춤추는' 것이다. 여기서 '눈'은 '언어'의 은유다. 누가 알겠는가. 시인은 그의 흉중에 무수한 언어의 눈보라를 간직하고 산다. 언어는, '어둠'이 내리면 모든 이들이 눕지만, 시인의 '언어'는 저 스스로 '춤추기'를 그치지 않는다. 이 말은 쉬이 붙잡히지 않는 무수한 언어의 영상. 무수한 언어의 이미지에 대한 시인의 안타까운 촉수를 나타낸 문장이다. 심란하고 안타까운 것도 각자 춤추는 손手을 갖고 있다는 말이다.

'춤추기'는 우제봉의 일생 전반을 회고하는 시편인 ②의 시편, 「여로」에서도 여일하게 드러나는 표현이다. '오늘도 그 길 위에/두툼한 침묵으로 족적을 남겨보지만/갈구하는 무지개는 저만치 누워서 웃고/화사한 꽃들이 펼쳐진 길/늘 멀리서 춤추고'의 시행이 그것이다. 이 시편에서 '춤추는' 주체는 누구인가. 전항 「겨울」의 '침묵'인가, '무지개'인가. 실제로 그건 '꽃'이다. 여기서 '꽃'은, 「겨울」 시편에서의 '눈'이다. 시인이 갈구하는, 갈망하는, '무지개'는 잡히지 않는다. '화사한 꽃들이 펼쳐진 길'이 있지만, 화자는 그 길에 진입하지도 못한다. '멀리서 춤추는' 이유가 거기에 있다. 이 문장 역시 ①의 시편처럼, 쉬이 붙잡히지 않는 무수한 언어의 영상. 무수한 언어의 이미지에 대한 시인의 안타까운 촉수를 쓴 문장이다. 심란하고 안타까운 것도 각자 춤추는 손을 갖고 있다, 에 필적한다. 붙잡지 못한 언어들에 대한 시인의 안타까움이 읽히는 대목이다.

시인은 일생에 걸쳐 걸어온 길을, '걸음은 비몽사몽 잠결이었나'로 귀착시킨다. '구비마다 피땀 흘린 우여곡절 곡예/노을진 영혼 상실의 무게로 눌리고'라는 지극히 절망적인 일이 생긴다는 것이다. 그뿐인가. '초라하게 찢긴 육신'인 시적 화자가 '모든 꿈이 떠난 쓸쓸함만이 가득한' 지경을 보는 것이다. '황량'의 의미가 '길'을 걸어오면서 일생을 동고동락한 나의 육신이란 결국, 늙고 노쇠하여 '초라하게 찢긴 육신/정처 없이 떠나는 한 조각 구름이었나'의 의문에 닿는다. 외견상 표현이 의문이지 실질은 '한 조각 구름'이라는 결론이다. 이 역시 불가의, "생종하처래生從何處來 사향하처거死向何處去 생야일편부운기生也一片浮雲起 사야일편부운멸死也一片浮雲滅 부운자체본무실浮運自體本無實 생사거래역여연生死去來亦如然"에 맞닿아 있는 식견이다. 생이란 한 조각 구름의 생성과 소멸이라는 것이다. '바위'는 결국 '한 조각 구름'의 희·노·애·락喜怒愛樂 일상이 사람의 덧없는 일대기였다는 알게 된다. 그 깨달음의 시편, 「여로」를 비롯하여 무수한 시편들로 환생하여 이들이 하나로 뭉쳐 다시 우제봉 '시'의 서사를 시작하는 것이다.

2. '바람'의 서사

우제봉 시 세계에서 줄기차게 거론되는 하나의 음조가 세월歲月이다. 날이 새면 바뀌는 밤과 낮, 흘러가는 해와 달, 즉 광음光陰을 뜻하는 세월은 그 안에 시간을 품은 단어다. 지나고 보면 시간의 집합체인 세월은 사람 일대기에서 그 모든 것이 그야말로 순식간임을 깨닫게 한다. 세월은, 시간을 포괄하는 일 년, 십 년, 백 년을 순식간에 삼켜버린다. 그리하여 세월은 삶의 일체를 흡입하고 소멸시켜 버리는 불가항력적 마성을 갖고 있다. 우제봉 시인이 세월에 대하여 거명한 몇몇 시편을 보자

> 만 가지 빛들
> 무성하게 자라 출렁이던 빛들
> 가슴을 설레이는 향기
> 황홀한 꽃으로 피지 못한 채
> 송두리로 뽑혀
> 산산이 부서져 파편으로
> 허공중에 흩날리는구나
>
> - 「세월 1」 일부

> 억겁의 세월
> 비가 오나 눈이 오나
> 외길만 달려온 그대
> 오늘도 가고 내일도 가야 할
> 그 불변의 길
> 한 번쯤은
> 탈선을 바라는 어리석음
> 비웃지 마오
> 머리 위에 백년을 이고도
> 어제의 청춘
> 하염없이 봇물로 터지는
> 그리움이어라.
>
> - 「세월 5」 전문

초침이 누구를 위해서 멈추겠는가
절름절름 저는 듯 저는 듯
멈출 듯 멈출 듯
멈춘 듯 멈춘 듯
해거름은 더욱 더
걸음을 재촉했다

황혼은 미로 속에 몸을 묻고 통곡했다
사랑을 노래한 뭇새들
황홀한 하루를 접었다

빈 들판 어디쯤 누웠던 바람
사무치는 열정으로 깃발 흔든다

싸늘한 냉기
어름이 된 어둠
방안에 기득히다

향기 잃은 삶의 언저리
마디마디 아리다
아 적막강산 숨결의 흐느낌.

- 「세월 6」 전문

 통상 시편에서 자주 접하는 '세월' 용어는 식상함이 일반적이다. 단어가 주는 중량감으로 시어가 질식하는 까닭이다. 그러나 갓 알에서 부화한 새의 울음과 마지막을 준비하는 새의 울음이 어찌 여일하겠는가. 석양에 지는 태양을 바라보면서 내일 아침에 다시 저 태양을 볼 수 있을 것인가를 가늠하는 시선의 잣대는 다르다. 더구나, '만 가지 빛들/무성하게 자라 출렁이던 빛들/가슴을 설레이는 향기/황홀한 꽃으로 피지 못한 채/송두리로 뽑혀' 휑한 상태의 시적 화자의 인식은 남다를 수밖에 없다. 이루 형용키 어려운 '만 가지 빛들', '가슴에 설레던 향기'가 사라지고 '꽃'을 피우지 못했음을 직시하는 현실은 고통스럽다. 화자의 존재는 '파편'이라는 자기확인에 이르러 가중된다. 연작시 형태로 쓴 「세월 1」 시편은 그러므로 자아를 상실한, 목표에서 벗어난, 세월의 아픔을 표현한 것이다.

또한 '탈선'을 이야기하는 「세월 5」의 전문은 세월 속에서 만난 '그리움'의 표출 시편이다. 여기서 '탈선을 바라는 마음'은 진실로 현실에서 벗어난 일상적 탈선을 바라는 마음이 아니다. 일상의 그럴듯한 기대를 깨부수고 원래의 자리로 회귀하길 비는 기도문의 일종이다. 이 시편에서 시적 화자가 바라는 것은, '그대'를 향한 염원이다. '그대'는 기도의 대상이다. '억겁의 세월/비가 오나 눈이 오나/외길만 달려온' 사람을 지칭한다. 이래서 '그대'는 가장 가까운 그 누구를 지칭한다. 이런 기도문은 '세월' 속에 속절없이 그저 그렇게 살아가는 듯하여도 '시'는, '시인'은 예리한 촉수를 지닌 춤사위가 있음의 반증이다. 그러하다. 그냥 지나쳐가듯 사라지는 「세월」도 흉중이 있다. 그 흉중에는 분명히 터놓고 말 못 할 그리움이 산다. 그리움을 느낀다. 그리고 그를 쓴다. 시인이 하염없이 흘러가는 세월에 묻혀 '그립다'는데, 여기에 무슨 문제 있는가. 누군가의 안위를 걱정하면서 그 안위를 그리워하는 마음은 우제봉 시인이 아니고서는 연상하기 어려운 시편이다.

「세월 6」에 이르러 시적 화자는 '흐느낌'을 적는다. '적막강산의 흐느낌'이다. '황혼은 미로 속에 몸을 묻고 통곡했다/사랑을 노래한 뭇새들/황홀한 하루를 접었다//빈 들판 어디쯤 누웠던 바람/사무치는 열정으로 깃발 흔든다'며 먼저 '미로'를 거론한다. 시인의 삶은 '미로'다. '길'이 존재하지만 선명하게 선택할 수 있는 '길'이 없다. '길'이 있지만 찾을 수 없는 미로다. 그것이 밤의 '통곡' 이유이다. 더하여 '미로'와 '통곡'은, '빈 들판 어디쯤 누웠던 바람'으로 환치된다. 이 시편에서 '바람'은 어둠의 '통곡'과 잃어버린 '황홀', 그리고 사무치던 '열정'의 다른 이름이다.

  '바람'은 화자가 지나간 세월을 회고하며 상실감을 느끼기에 무겁고 질식할 것 같은 중개자가 되는 것이다. 여기에다 '싸늘한 냉기/어름이 된 어둠/방안에 가득하다//향기 잃은 삶의 언저리/마디마디 아리다'의 '냉기'가 더친다. 추운 기운은 늙은 삭신을 더욱 춥게 한다. 아아, '시'는, '시인'은 시적 화자를 내세워 냉기 어린 방에서 냉기에 갇혀있다. 혼자서 느끼는 고독 이상의 아린 상태, 즉 '어름이 된 어둠'을 벗어나려 하지 않고 '마디마디 아린', 시인만의 아린 '냉기'를 곱씹는다. 무심히 흘러가는 '세월'의 흉중은, 「세월 6」에 이르러 이처럼 냉기로 가득하다는 것이다. 우제봉의 '세월'에 대한 회포의 연속성은 「산속 풍경」 연작시 작품에서도 여일하게 펼쳐진다.

        덧없는 세월만 퍼 담은
        초라한 황혼
        미련하게도 어쩔 수 없이
        어제 걸어온 길 오늘도 걷고
        내일 또 다시 그 길 위에 서야 할
        황혼의 언덕에서

절름거리는 내 인생 앞에
초록의 빛들이 우르르 몰려
한바탕 벌려놓은 잔칫상
가슴에 뿌듯하게 안기는 그 젊음
모두 가지란다.
- 「산속 풍경 1」 전문

흠뻑 땀흘리는 햇볕이
지천으로 넘치는데
컴퓨터로 계산해서
달게 마신 쪽빛 나무들이
이슬 내리는 어둠을 몰고 오는
바람으로 뽀얗게 목욕을 하고
잠자리에 눕는다.
- 「나무들」 일부

 우제봉 시인이 현재 살아가고 있는 예산군 대술지역은 강원도가 무색하리만치 산으로 형성된 고장이다. 마을과 더불어 산이 살아간다. 아침 태양이 저물어가는 황혼이면 산도 산 그림자를 늘리며 '덧없는 세월만 퍼 담은/초라한 황혼'을 감싸 안는다. '초라한'이란 형용사는 화자의 주관적 표현이다. '미련하게도 어쩔 수 없이/어제 걸어온 길 오늘도 걷고/……/황혼의 언덕' 역시 시적 화자의 주관적 표현이다. 그러나, 봄이다. 봄이라는 단어는 없으나 '절름거리는 내 인생 앞'을 물들이고 있는 색깔이, '초록의 빛들이 우르르 몰려/한바탕 벌려놓은 잔칫상'이란 봄의 직설적 표현에서 알 수 있다. 이는 그다음 시행에 등장하는 '젊음'을 수식한다. 이는 다시 온통 푸르름으로 채색되어가는 봄철 '산속 풍경'에서 보는 푸르름이다. 옛날의 '젊음'을 새로이 만나면서 듣고, 말하며, 쓴 우제봉의 희망이다. 노년의 '세월' 속에는 이처럼 싱그러운 초록과 싱그러운 기운도 공존하는 것이다.

산속이 그처럼 싱그러운 초록으로 싸여 있을 즈음이면, 산속의 '나무들'은 그 숲의 주인이다. 주인 역할을 구분하는 것은 일이다. 일하느냐, 안 하느냐의 가름만으로 주인 여부를 단번에 식별할 수 있다. 손님이나 타인은 내 논밭에서, 내 집에서, 일하지 않는다. 오직 주인이라야 '흠뻑 땀 흘려' 일한다. 우제봉은 산속에서는 '햇볕'이 일한다고 본다. '햇볕' 또한 산의 주인인 셈이다. 숲의 '나무들'은 그 '햇볕'을 '달게 마신'다고도 본다. '쪽빛 나무들'이란 나무들의 성장을 말한 시행이다. 한여름철 장마철을 지나고 나면 더위가 물러간다는 처서處暑 지나 백로白露 절기가 오고, 그다음부터 이슬이 내린다.

우제봉은 산속의 나무들 모두가 '이슬 내리는 어둠을 몰고 오는/바람으로 뽀얗게 목욕을' 하고는 잠자리에 눕는다고 한다. '나무들'을 잠재우는 목욕이다. 목욕물은 '바람'이다. 보조관념에 지나지 않는 바람이 의인화한다. 나무도 잠자리에 눕는 존재로 변화하는 까닭은 오로지 그런 이유에서다. 딴은, 성서의 전도서 1장에서는 '바람은 남으로 불다가 북으로 돌아가며 이리 돌며 저리 돌아 바람은 그 불던 곳으로 돌아가'(「전도서」 1장 6절)는 존재로 묘사한다. 광대무변廣大無邊한 우주에서 오직 '바람'만이 천지간을 횡행하면서 때로는 '폭풍우 속의 신의 목소리'가 되는데 이때 폭풍우는 '불꽃을 발하고 사막을 진동시키며 숲을 벌거숭이로 만들기도 하는' 존재이다.(「시편」 29장)

바람의 존재는 일생을 술과 여자와 동성애 속에서 시를 쓰다 죽은 프랑스의 폴 베를렌의 첫 시집, 『사투르누스 시편』에 나

오는 '바람'과 같다. 젊은 날의 폴 베를렌은 이렇게 '바람'을 쓴다. '그리하여 나는 돌아가리라/나를 데려가는 찬 바람을 따라서/ 이리저리 뒹구는 낙엽'이라고 쓴다. 첫 시집이라 별로 판매되진 않았지만, 시집출판 당시 프랑스 시단의 주목을 받았다. 바람에 날려 이리저리 뒹굴던 그 '바람'은 다시금 태초로 돌아가, 인간의 콧구멍에 자리를 트는(창세기 2장) 존재로 뒤바뀐다. 이에의 귀결이 바로 우제봉이 거명한 '세월'이다. 결국 '세월'의 본질이란 눈으로는 볼 수 없지만 어디론가 흘러가 버리고 마는 광음의 조정자인 '바람'이라 할 것이다. 그리하여 이들의 집합을 일러 덧없는 세월 속에서 삶을 관조하는 청암 우제봉 시인의 애처로우나 간절한 눈빛, 그리고 시안의 동공이 만들어낸 생의 응집력이자 우제봉 시편 특유의 시 세계 중 하나인 '바람'의 서사라 하겠다.

3. '연모'의 서사

우제봉 시 세계의 특질 중 하나는 '연모'라 하겠다. 이 연모는 우제봉 시편들에서 거의 모두 '그리움'으로 묘사되고 있다. 한, 두 편이 아니다. 무수한 시편에서 '그리움'이 적시된다. 일일이 그를 드러내어 평할 수 없을 정도로 그 횟수는 빈번하다. 총괄하여 부를 수 있는 이 '연모'는 '그리움'이라는 단어로 포장되어 있다. '그리움'이라는 시어는 이 시집 시편들에서 순수하고 소박하며 아름다운 문양으로 우제봉의 시적 토양에 굳건히 자리 잡고 있다. 먼저, 마치 소년의 설렘처럼 소박하게 써 내려간 '그리움'의 연작 시편을 살펴보자.

사랑한다 말하지 않아도
눈길이 끌리는 것은
그리움 때문이리라

그립다 말하지 않아도
목이 타 들어가는 것은
그리워하기 때문이리라
… 중략 …
그대 빨간 장미 한 그루 심어
물을 주고 보듬는 것은
그대 죽도록 그리워하기 때문이리라.
- 「그리움 1」 일부

하루가 가고
또 하루가 저물어
깊은 밤
창을 때리는 바람소리가
잠을 깨우면
밀물처럼 밀려오는
외로움이 쌓아올린 탑
그대 그리움이었네.
- 「그리움 2」 일부

살며시
옆에만 있어 주면
그것이 사랑이라 믿으렵니다

잠시라도 그대와 떨어져 있는시간
　　긴긴 세월로만 여겨져
　　돌아오지 못할
　　강물이 될까 앞이 보이지 않습니다

　　삼복 불가마도 태우지 못한
　　작은 가슴
　　그대 그리움에
　　재가 될까 두렵습니다

　　까만 불면의 밤
　　소복소복 쌓이는
　　하얀 재가 태산이 되는 것을
　　그대는 아십니까?
　　　　　　　　　　　-「그리움 3」전문

　　가을의 끝자락을 잡은 세월이여
　　걸음을 멈춰다오
　　그리고 들어다오
　　파도에 부서지는 봄햇살이
　　그리운 나의 비명을
　　　　　　　　　　　-「그리움 4」일부

　봇물이라는 표현이 부족할 정도로 이 시집에서 '그리움'이 넘쳐난다. 비단 '그리움'이라는 제하의 연작 시편뿐만이 아니다. 시집 전편에서 광범위한 '그리움'이라는 단어로 도배된다. 실제로 시편에서 단 일 회만 '그리움'이 시편에 쓰이면 그 시편은 과

수 재배에서의 적과摘果에 해당한다. 솎아내어 버린다. 시가 주는 특유의 미적 감수성이 현저히 저하되어 호기심이 증발하기 때문이다. 그러나 비교적 근래에 창작된 연대로 읽히는 우제봉의 '그리움'의 시편들은 우제봉의 대체불가 시편들이라 보인다. 여린 소년의 감성이 적나라하게 표출되는 정직한 시적 형상화 모양새를 띄고 있으나 그 면면은 단적으로 절박하다. 절박함은 누구 눈치코치를 볼 여가가 없다. 누가 뭐라든 그대로 직행한다. 필연의 직진이다. '절박함'이 이들 시편을 주조한 연금술의 원인이 되는 것이다.

 '그립다 말하지 않아도/목이 타들어 가는 것은/그리워하기 때문이리라'의 시행은 흡사 소년의 풋사랑 그것과 같다. 설익은 듯하나 풋풋하다. 마치 '산속에서' 시편의 연초록 색깔을 띠고 있다. 진지하고 강렬한 것이다. '말'은 하지 않는다. 그러나 목이 타들어 가는듯하다. 그 상태의 정황이 끝 연, '그대 빨간 장미 한 그루 심어/물을 주고 보듬는 것은/그대 죽도록 그리워하기 때문이리라.'에서의 '빨간 장미 한 그루'이다. 그리운 대상이 자리에 없으나 너무나 그리운 그 자리다. 그 자리에 화자는 '빨간 장미'를 키운다. 이는 스스로 마약 중독자라고 온 천하에 고백하여 스스로 커밍아웃한 영국의 소설가, 토마스 드 켄쉬를 닮아있다. 퀸쉬는 『아편을 먹는 한 영국인의 고백』에서 '자기 몽상의 일체의 대상들을 현실로 변화 시켰다'라는 고백과 유사하다.

 켄쉬의 탁월한 독자였던, 저 유명한 시인, '보들레르'는 보들레르대로 몽상의 관념에 사로잡힌 시편, '나를 보살피고/언제나 나를 겁나게 하는 수수께끼의 헤르메스여//너는 나를 연금술사 중에 가장 슬픈/마이더스와 같게 만드는구나//너에 의해 나는 금을 쇠로/천국을 지옥으로 변하게 만든다/흰구름의 수의 속에서//사랑하는 이의 주검을 찾아/천국의 기슭 저편에서/난 커다란 관들을 짜리라.'(보들레르「고통의 연금술사」전문)을 썼다. 일반 사람들이 추구하는 것과는 상반되는, 금을 쇠로 만들고, 천국을 지옥으로 만드는 연금술의 이유는 '주검을 찾아' 그 주검을 위하여 '관'을 짜는 것으로, 현재의 무수한 '그리움'을 스쳐 가는 행복으로 변환시키는 것이다.

   이러한 정황은 '그리움'의 연작 시편, 2, 3, 4편에서 반복적으로 전개된다. 부르짖는 절규인가. 시인은 '깊은 밤/창을 때리는 바람소리가/잠을 깨우면/밀물처럼 밀려오는/외로움이 쌓아올린 탑/그대 그리움이었네.' 라든가, '잠시라도 그대와 떨어져 있는 시간/긴긴 세월로만 여겨져/돌아오지 못할/강물이 될까 앞이 보이지 않습니다//삼복 불가마도 태우지 못한/작은 가슴/그대 그리움에/재가 될까 두렵습니다'라고 외친다. 죽음을 초월한 '연모'의 정념이 비밀 아닌 비밀로 담긴 시편들인 것이다. 이는 '연모'에 관한 한 소우주에 해당하는 인간이 대우주인 우주가 지닌 비밀보다 더 내밀한 서사로 가득한, '그리움'이라는 은하의 강이 존재함을 표상한다는 의미이다. 구순에 이른 시인이 마치 청년의 어조로 '그리움'을 연호함은 연대를 초극하는 일이다. 인간 감성을 지배하는 인간 연모에 대한 해석적 관점에서 볼 때, 이 '연모'의 서사 시편들은 일종의 불가사의한 시편들이라 하겠다.

4. '개화'의 서사

   슬프다. 시집 서문에서 우제봉은 '가면 갈수록/미궁에 빠지는 시인의/길을 걸으면서/영원히 남을/옥석을 찾으러/눈에 불을 켜본다'고 썼다. 미궁迷宮, '시'라는 미궁, '시인'이라는 미궁에 빠져서 우제봉은 평생토록 '눈에 불을 켜'보려고 평생 '시의 서사'를 펼쳐 온 것 아닌가. 언어의 불을 품고 온갖 만고풍상萬古風霜이라는 '세월'을 견뎌내며 아니, 기꺼이 '세월'에 맞서서 '바람의 서사'를 쓰며 살아온 길이 시인의 길 아닌가. 멍하니 눈을 뜨고 오가는 밤낮을 바라보며 '세월'이라는 '비바람'을 만나면서 쓸쓸하고 고독하게 살아온 것 아닌가. 도무지 형용할 수 없는 혼자만의 '그리움'에 눈물 훔치다가 벌떡 일어나 시 노트에 '연모'의 시편을 써오며 살아온 길이 또한 평생의 길 아닌가.

  자랑스럽다. 우제봉은 누가 알아주건 알아주지 않건 평생을 시, 시인의 길을 사랑하며 살아왔다. 어느 자리 어디에서도 조용조용히 '시'라는 불을 밝히려 노심초사勞心焦思하였다. 시를 쓰려고 애쓰며 시 속에 빠져 일생을 살아왔다. 시인의 길이 비록 '화사한 꽃들이 펼쳐진 길'에 들지 못하여도 조용조용히 한낮엔 땀 흘려 농사일하면서 밤이 되면 밤새워 시를 놓지 않고 시인의 길을 고수해 온 삶이다. 그 누구와 언쟁 한번 없이 '톡 쏘는 향이 없으면 어떠한가' 실로, '보면 볼수록 눈이 부시구나' 1연의 결구는 진실로 예산지역과 충남의 향토 문단에서 단연 내 세울만한 외침이 아닌가. 줄기차게 무용한 시, 시인의 나라의 '모란'이 되기를 갈망한 청암 우제봉은 우제봉 시, 우제봉 시인, 그 자체로 자랑스럽다.

        톡 쏘는 향이 없으면 어떠한가
        살랑살랑 부는 바람에
        그윽하게 내뱉는

향기마저 없어도 좋다
나는 이미 너에게 푹 빠진 포로다
어쩌면 그리도 화려하단 말인가
보면 볼수록 눈이 부시구나

오월의 햇살을
너 홀로 차지한양
구중궁궐 안주인처럼
자르르 흐르는 귀티에
어찌 포로가 되지 않겠는가

가슴이 설레인다
봇물 터지듯 쏟아지는
험난한 인생사에 찌든
답답한 가슴이 사르르 녹는구나.

- 「모란」 전문

 동시에 눈물겹다. '가슴이 설레인다/봇물 터지듯 쏟아지는/험난한 인생사에 찌든/답답한 가슴이 사르르 녹는' 개화의 세계를 경험하였으나 청암 우제봉은 즉시 「금낭화」 시편으로 귀화하려 한다. 한국 시단의 주요 시인으로 자리한 시인은 아니지만 '덕지덕지 때 묻은 중생의 업 어디쯤에서 벗어 놓을까' 고뇌하면서 '부처님 웃음으로 웃어주는 그대', 그 '바람'의 관음을 짚어가면서 '깨끗한 영혼 심오한 그곳 깊숙이/심지 돋구어 불 밝히리' 다짐해보다가, '윤회의 싹 내밀고 열반에 이르리라'면서 마지막 시, 그리고 시인의 여로를 결구하는 이것, 이것이다. 이것이야말로 노시인 청암 우제봉이 평생 걸어온 고독한 시, 그리고 시인의 길 위에서 마지막으로 개화開花, 마지막 울음에 해당하는, 시의 개화를 꿈꾸는 것 아닌가. '윤회의 싹'을 바라보면서 '열반' 곧 '죽음'에 이르려는 꿈, 마지막으로 시와 삶에 대한 개화의 울음을 우는 것 아닌가.

밤 새 내린 이슬로 머리 감은 그대
눈부신 햇살 받아
줄기마다
가녀린 손으로 등을 매단 초심은
덕지덕지 때 묻은 중생의 업
어디쯤에서 벗어 놓을까

숙연히 고개 숙여 고통과 번뇌
모두 털어버리려고 등불 밝히겠지

지나던 바람이 살며시 엿보면
부처님 웃음으로 웃어주는 그내
깨끗한 영혼 심오한 그곳 깊숙이
심지 돋구어 불 밝히리

깨달음의 경지에 오를 때
등마다 소원성취
가득가득 담아
복이 넘치는 행운을 안기며
윤회의 싹 내밀고 열반에 이르리라.

- 「금낭화」 전문

감사하다. '열반'이 목전이라 할지라도 결론적으로 우제봉의 시 세계는 '시'의 불사조 이야기다. '시' 그리고 '시인'에 관한 불사조 서사다. 영원한 새, 불사조는 운명할 때가 되면 자기가 태어난 나무 둥지로 날아간다. 그 둥지로 가서 몸을 막 비비면 깃털에서 불이 생성되는데 그 불이 붙어 결국 타 죽으면 거기서 한 줌 재가 나온다고 한다. 그 재 속에서 새로운 알이 부화하고 바로 거기에서 불사조가 탁 터지면서 하늘 높이 올라간다는 구원과 생명을 상징하는 새이다. 신화의 새, 그 불사조가 자기 생명을 불살라서 다음 생명으로 이어주는 역할을 하듯이 우제봉은 시 생명의 가교역할을 도맡아 해 온 시인이다.

회고하면, 1978년, 예산 문단에서 처음으로 글 쓰는 모임인 문학 단체가 창립될 때부터 그 창립 회원으로서 지금까지도 굳건한 충남 문단의 정신적 지주로 문단을 지켜오셨다. 그런 점에서 우제봉은 '시'의 서사를 터뜨려 '세월'이라는 '바람'의 서사를 읊다가 청년 심성으로 무수히 '그리움'이라는 '연모'의 서사를 가슴에 새겨온 시 이력을 가졌다.

과실을 맺는 직접적인 힘인 인因과 그를 도와주는 연緣의 합성체인 인연으로 마침내 '시'라는 하나의 씨앗을 발아시켜, 흙·물·바람·햇빛의 도움으로 개화하여 꽃을 피운 이력도 있다. 그 시인이 현재 충남 예산대술에 생존해 계신 청암 우제봉 시인인 것이다. 그리하여 우제봉 시인은 그 이름만으로 작금의 한국 문단에서 지극히 청정하고, 지극히 순결하며, 지극히 정갈한, '시'와 '시인' 나라의 참 시인 명맥을 이어오고 있다 하겠다.